María Puncel / Teo Puebla

Was wird aus Onkel Pedros Weide?

Ein spanisches Märchen
Nacherzählt von James Krüss

Neuer Finken-Verlag

Onkel Pedro
war gestorben
und hatte seinen
drei Söhnen als Erbe
die Weide und die Schafe hinterlassen.
Die Weide war sehr groß und hatte hohes saftiges Gras.
Die Schafe, neun an der Zahl, waren gesund, fett und schön.

Die drei
Brüder waren
sich sofort einig.
Jeder von ihnen erhielt
drei Schafe. Die Weide aber nutzten sie alle gemeinsam,
weil es ein Jammer gewesen wäre, sie in drei Teile zu zerstückeln.

Antonio gab seinen drei Schafen blaue Halsbänder.
Felipe gab seinen drei Schafen grüne Halsbänder.
Joaquin gab seinen drei Schafen rote Halsbänder.

Die Schafe lebten auf der Weide, aßen auf der Weide und düngten die Weide.

Der Regen fiel auf die Weide, löste den Dung auf und verleibte ihn der Erde ein. Die Erde, durch Dung und Wasser gut genährt, trieb mehr Gras hervor, um das von den Schafen abgerupfte wieder zu ersetzen. Die Weide und die Schafe waren miteinander im Gleichgewicht.

An den Nachmittagen molk jeder Bruder mit seiner Frau zusammen seine Schafe und trug die Milch in einer Kanne heim. Diese Milch erhitzten sie, versahen sie mit den nötigen Gärstoffen, ließen sie gerinnen, preßten sie vorsichtig, salzten sie, gaben ihr Form und stellten sie zum Lüften auf den Dachboden. Die Bergluft reifte diese Käse, die ganz köstlich waren. Auf dem Markt verkauften sie sich sehr gut.

Jedes Ehepaar verdiente gutes Geld mit dem Käse.

Im Frühjahr warf jedes Schaf ein Lamm. Sobald die Lämmer von den Mutterschafen entwöhnt waren, trugen die drei Brüder sie zum Markt.

Und jedes Ehepaar bekam für seine Lämmer einen guten Preis.

Kam der Sommer, schor jeder Bruder zusammen mit seiner Frau seine Schafe. Die Wolle trugen sie in Kiepen zum Waschplatz. War sie gewaschen und getrocknet, wurde sie ausgekämmt, gesponnen, eingefärbt und verwebt. Aus den Stoffen, die weich, warm und fröhlich in den Farben waren, machten sie zwei Stapel. Einen behielten sie, um daraus Kleidung für sich selbst zu machen. Den anderen brachten sie zum Markt.

Jedes Ehepaar verdiente gutes Geld mit den Wollstoffen.

Antonio und seine Frau freuten sich über das Geschäft.

Felipe und seine Frau freuten sich über das Geschäft.

Joaquin und seine Frau freuten sich über das Geschäft.

Eines Nachts sprachen Antonio und seine Frau beim Abendessen miteinander.

Die Frau, die sich für sehr gescheit hielt, sagte: „Ich glaube, Mann, wir sollten noch ein Schaf auf der Weide haben. Wir hätten dann mehr Käse, mehr Lämmer und mehr Wolle. Kurzum, ein Schaf mehr auf der Weide würde kaum auffallen . . . Wir aber würden mehr verdienen.“

Antonio dachte, daß er wirklich eine kluge Frau habe.

So kam es, daß am nächsten Tag zehn Schafe auf der Weide waren. Die Frau von Felipe und die Frau von Joaquin bemerkten aber sehr wohl, daß es jetzt vier Schafe gab, die blaue Halsbänder trugen, und sie sprachen am Abend mit ihren Männern.

Da gab es am nächsten Tag anstatt zehn Schafen zwölf auf der Weide. Antonio begriff, daß seine Brüder seinem Beispiel gefolgt waren. Auch den anderen wars als ein guter Gedanke erschienen, ein Schaf mehr zu haben, das das Gras der Weide abrupfte.

Jedes Schaf mußte jetzt ein bißchen weniger fressen und gab natürlich weniger Milch, hatte weniger gute Wolle und brachte etwas kleinere Lämmer zur Welt.

Auf alle Fälle verdienten die drei Brüder aber mehr als im Jahr zuvor, weil vier Schafe mehr Milch, mehr Wolle und mehr Lämmer bringen als nur drei.

Auf dem Rückweg vom Markt zählte jedes Ehepaar sein Geld. Mann und Frau waren so zufrieden damit, wie die Geschäfte liefen, daß . . . ja, daß eines Tages anstelle von zwölf jetzt fünfzehn Schafe auf der Weide waren.

Und nun begann etwas sehr Trauriges.

Die fünfzehn Schafe hatten wenig Gras zu fressen und litten ständig solchen Hunger, daß sie die Wurzeln herausrissen, um mit ihnen ihren Hunger zu stillen. Doch auch so wurden sie nicht satt. Anfangs waren sie durch den Hunger unleidlich und rauften dauernd miteinander.

Später machte der Hunger sie traurig, und noch später begannen sie kraftlos zu werden. Sie wurden mager, magerer und immer magerer.

Kaum gaben sie noch Milch, und das bißchen, was sie gaben, war nicht gut.

Kaum gaben sie noch Wolle, und das bißchen, was sie gaben, war kurzfaserig und sehr brüchig.

Und als die Jahreszeit kam, in der sie Lämmer zur Welt bringen sollten, gebaren viele Schafe gar keins. Und die wenigen, die geboren wurden, waren so schwächlich und kränklich, daß sie nicht lebensfähig waren.

Nach Verlauf einiger Wochen starben auch die Schafe. Die drei Brüder kamen zusammen, um die toten Schafe zu begraben. Die Weide war eine Wüste. Nicht ein Fitzelchen Gras lugte aus der Erde hervor.

„Was können wir tun?“ fragten sie sich.

Erster Schluß

Die drei Brüder einigten sich und verkauften die Weide. Da der Boden völlig zerstört war, erlösten sie nur eine lächerliche Summe dafür. Als die auch noch durch drei geteilt werden mußte, blieb für jeden Bruder nur wenig mehr als nichts übrig.
„Es war deine Schuld“, warfen die beiden jüngeren Brüder dem ältesten vor. Aber Antonio antwortete: „Ich hatte Anspruch auf ein Schaf mehr, weil ich der Ältere bin.“

„Unser Vater hat uns die Weide zu drei gleichen Teilen hinterlassen, und du als Ältester hättest uns ein besseres Beispiel geben sollen!“ riefen Felipe und Joaquin.

Jeder Bruder ging wütend heim und stritt mit seiner Frau:

„Ich hätte mich auf diese Dummheit nicht eingelassen, wenn du mir nicht dazu geraten hättest.“

Aber das ist ein trauriger Schluß. Suchen wir nach einem anderen.

Zweiter Schluß

Die drei Brüder einigten sich:

„Bestellen wir den Boden unserer Weide und säen wir dann gutes Gras hinein. Unsere Frauen werden eine Vogelscheuche aufstellen, damit die Vögel den Samen und die jungen Triebe nicht wegpicken; und dann warten wir ab. Regen und Sonne werden den Samen keimen lassen, und das Gras wird wieder kräftig und saftig sein.
Mit dem Geld, das wir erspart haben, kaufen wir drei Schafe."

„Und wovon werden wir in der Zwischenzeit satt?" fragten die Frauen.

„Wir werden als Tagelöhner arbeiten und jeden Pfennig sparen."

Jeder Bruder ging zu einem anderen Dienstherrn, bei dem er arbeitete und arbeitete und arbeitete . . . Während eines langen Winters konnten die Brüder ihre Frauen nicht besuchen.

Auch das ist ein trauriger Schluß. Suchen wir nach einem anderen.

Dritter Schluß

Die drei Brüder und ihre Frauen einigten sich:

„Wir alle zusammen haben die Weide zerstört. Arbeiten wir nun zusammen, damit die Weide wieder so wird, wie unser Vater sie uns hinterlassen hat.“

Mit dem Geld aller kauften sie guten Grassamen und drei schöne Schafe. Alle sechs arbeiteten ohne Unterbrechung viele Wochen lang zusammen.

Sie umzäunten einen kleinen Teil der Weide als Pferch, und hier brachten sie die Schafe unter. Zwei der Brüder erkletterten jeden Tag die unzugänglichsten Stellen des Gebirges, wohin kein Schäfer sich mit seiner Herde wagte, aus Angst vor Abgründen und Wölfen. Sie schnitten dort Bündel saftigen frischen Grases, die sie auf ihrem Rücken hinabtrugen in den Pferch. Es war eine harte und gefährliche Arbeit, aber sie lohnte die Mühe.

Die drei Schafe gaben gute Milch, hatten gute Wolle und brachten, als es Zeit war, schöne Lämmer zur Welt.

Während zwei Brüder Futter für die Schafe besorgten, bearbeiteten der dritte Bruder und die drei Frauen den Boden. Sie säten Gras und schützten die zarten Spitzen dann vor Vögeln und Insekten. Und in der Trockenheit schafften sie Wasser zum Begießen heran, so daß das Gras schnell herauskam.

Als der größte Teil der Weide schon genügend Gras hatte, brachten sie die drei Schafe dorthin und machten sich dann daran, den Teil, der Pferch gewesen war, wieder in Ordnung zu bringen, zu umbrechen, zu besäen und zu behüten.
Im zweiten Jahr waren schon sechs Schafe auf der Weide.

In all dieser Zeit konnten die drei Brüder und ihre Frauen kaum genügend essen, um die Arbeit fortsetzen zu können. Auch konnten sie sich weder Kleidung noch Schuhe kaufen.
Nach drei Jahren aber hatte die Weide wieder weiches nahrhaftes saftiges Gras. Und jeder Bruder besaß drei gesunde fette schöne Schafe.

„Jetzt haben wir wieder unsere Weide und unsere Schafe so wie früher", freute sich Joaquins Frau.

„Das hat ganz schön Schweiß gekostet", meinte Felipes Frau. „Wären wir nicht so dumm gewesen, hätten wir uns drei Jahre harter Arbeit und bitterer Not ersparen können."

„Also mich freut, was geschehen ist“, sagte Antonios Frau, die sich für sehr gescheit hielt. „Wir haben viel gearbeitet, aber auch viel gelernt. Was haltet ihr davon, wenn wir jetzt darauf sparen, die Weide von Juan Pablo zu kaufen, die so hinüber ist, wie es unsere war? Wir könnten uns dranmachen, sie wieder in Ordnung zu bringen . . . mehr Schafe . . . mehr Geld . . .“

„Neeein!“ riefen alle anderen gleichzeitig.
„Neeein, danke!“
Aber verärgert waren sie nicht. Sie lachten sogar.

„Du und deine ehrgeizigen Pläne, Frau“, sagte Antonio. „Nein, wir kaufen keine Weiden mehr.
Wenn Juan Pablo möchte, daß die seine wieder gutes Gras gibt, können wir ihm sagen, was er tun muß, um das zu erreichen.“

Und alle waren mit Antonio einverstanden.

Das scheint ein guter Schluß zu sein.

Kanns einen bessern geben?
Das möcht ich gerne wissen.

Aus dem Spanischen von James Krüss

Die spanische Originalausgabe erschien unter dem Titel
El PRADO DEL TIO PEDRO bei Ediciones S M, Madrid

ISBN 3-8084-1125-2 Best.-Nr. 1125